Yakiv Samoylovych, Yehuda Shenef, Chana Tausendfels

ÜBERTRETUNGEN

zeitgenössische Gedichte Augsburger Juden

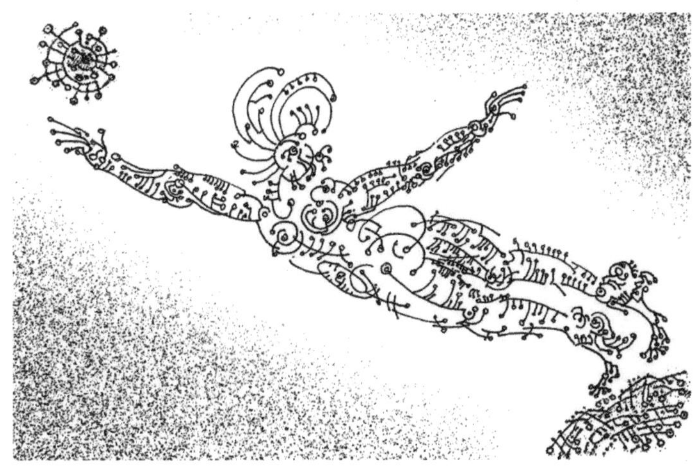

Was heißt hier Übertretung..?

Das Wort übertreten kann, abhängig vom Zusammenhang sehr unterschiedliche Vorgänge darstellen. Als Straftäter kann man ein Gesetz übertreten, aber man kann auch zu einem anderen Glauben übertreten, etwa wenn ein Muslim Jude werden möchte. Ein Sportler kann eine Linie übertreten, tritt ein Fluss über das Ufer, so haben wir es mit einer Überschwemmung zu tun. Übertretungen haben also immer etwas damit zu tun, eine vorher definierte Grenze zu überschreiten.

Hebräisch, die Ursprache des Judentums, die auf Hebräisch „Iv'rit" heißt, hat genau diese Bedeutung „Übertretung", basierend auf dem Verb „awar" = übertreten, überschreiten. Die Bedeutung steckt bereits im Namen des jüdischen Stammvaters Abraham, der nach dem Bericht der Bibel seine Grenzen überschritt und auf Befehl Gottes sein Heimat verließ und sich selbst fortan „Iv'ri", Hebräer nannte, wörtlich: Überschreiter, Übertreter.

Die Autoren des vorliegenden Gedichtbands sind Augsburger Juden und nicht hier geboren, also Übertreter, oder wie man es bayerisch sagen könnte: „Zugreiste". Vor vielen Jahren haben sie sich zu einem literarischen Club vereint, den sie „ILIFA" nannten, was als Abkürzung steht für *„Internationales Literaturforum Augsburg"*, ohne darüber nachzudenken, dass es überall in der Stadt wohl noch hunderte andere Dichter gab und gibt. Da man die aber nicht repräsentieren wollte, war das aber auch kein wichtiger Punkt.

Wesentlicher ist die gemeinsame Vorstellung, was es bedeutet, Jahrzehnte nach der „Scho'a", bzw. dem „Holocaust" als Juden in einer Gesellschaft zu leben, die davon *wie sie selbst* – wenngleich aus wahrscheinlich entgegengesetzten Gründen – wenig oder nichts wissen will (was nicht ohnehin bekannt ist). So sind die Reflektionen der Autoren auch eher unterschwellige Übertretungen von realen oder gedachten Grenzen. Die sind manchmal vorformuliert oder sind es nicht, sichtbar im Alltag, oder verborgen wie geologische Bruchlinien.

Übertreten heißt in der Regel eine Grenze verletzen, eine Seite oder gar Religion zu wechseln, eine starre Linie oder Meinung herauszufordern, zu hinterfragen. Von Rechtschaffenen und jenen, die ihre feste Prinzipien und unabänderlichen Positionen haben, sind Übertreter, Seitenwechsler nicht gerne gesehen, stellen sie doch starre Positionen in Frage, meist ungewollt.

Erleben ist immer die ureigene Geschichte, gleich ob man nun lieblichen Melodien folgt, nach echten Kaffee sucht, seine Lanze an der Tür des Sozialamts abbricht, routinemäßig im Niemandsland unterwegs ist, nie repräsentativ befragt wird, das Gras flüstern hört, zornige Träume hat, sich wie ein entschwundener Fisch aus der Tiefe erhebt oder sich als finaler Zweck und Bester begreift.

Menschliches Streben widersetzt sich immer gedachten Grenzen. Darin liegt unser Wesen. Der Blick ans andere Ufer lohnt sich. Immer.

Die Gedichte sind nach den Titeln alphabetisch geordert, was ebenso willkürlich ist, wie es jede andere Anordnung wäre. Darunter steht jeweils der Verfasser und die auf ihn zurückgehende Datierung des Werks.

Abendmahl

Sie trinken den Wein
Sie brechen das Brot
Liebäugeln die Pein
Begehren die Not
Um den Tod eines Andern
Seelisch zu durchwandern

Sie möchten ihn essen
Um ihre Sünden zu vergessen
Sie wollen ihn schlürfen
Um mehr noch zu dürfen
Sein Tod gibt ihnen Glück
Und den verlor'nen Stolz zurück

Sein Fleisch wird zum Brösel
Sein Blut wird zum Trunk
Und so umgibt jeden Esel
Befremdlicher Prunk
Auf den abgelaufenen Routen
Des Ewigen Juden

Yehuda, 2010

Am Fuße des Berges

Wir sitzen und trinken
An einem kleinen Tisch
Hier draußen
vor dem Mexikanischem Restaurant
Wir sitzen und trinken
In der Augsburger Altstadt
Im Süden Deutschlands

Wir sitzen und trinken
Am Fuße des Judenberges
Die junge Kellnerin
Versteht kein Spanisch
Sie ist keine Mexikanerin
Sondern eine blondierte Deutsche
Auch der Kaffee in unseren Tassen
Schmeckt nicht nach Kaffee
Eher ein wenig nach Essig

Vielleicht ist das die Schwarze Milch
Von der Celan einst sprach
Wir sitzen hier und trinken

Im Haus uns gegenüber
Sind große Schaufenster
Sie zeigen italienische Mode
Für andere, für neue Herren

Es gibt einige Sonderangebote
Hier am Fuße des Judenbergs
Der Imbiss weiter oben am Berg
Bietet „Schwarma" für drei Euro
Nun nach türkischen Rezept
Und unter dem Namen „Döner"

Wir sitzen und trinken
Und wir wundern uns
Wo die anderen Juden sind?

Vielleicht im Innern des Berges
Verborgen und vergraben
In der Vergangenheit
Sitzen sie und trinken

Und sie unterhalten sich
Über das Tagesgeschehen
Und sie lachen und tanzen
Mit echten Mexikanern
Im Innern des Berges
Und sie trinken echten Kaffee
Der nach Kaffee schmeckt

Yehuda, 2002, aus dem Hebräischen

Ballade vom unguten Gesicht

Meine Liebe hat ein ungutes Gesicht
Meine Liebe hat einen dünnen, harten Mund
Meine Liebe hat die Augen einer Kobra
Die Augen jener Schlange, die bereit ist
den tödlichen Schlag auszuführen

Meine Liebe hat den Blick eines Drachens
Sie steckt wie ein Schwert in einem Fels
Versteinerte Mächte der Erde gaben ihr die Kraft
Die Kraft des Drachens und die Weisheit der Schlange

Mit einem Hexenblick sieht sie mich an
Betrachtet man ihr Gesicht lange und aufmerksam
Dann erkennt man Gevatter Tod
Etwas, was vor Himmel und Erde war

Aber ich flüchte mich nicht vor ihrem Blick
Mehr um sie selbst
Weil sie meine Liebe ist
Die himmlischen Mächte gleichen die irdischen aus
Durch ihr Licht

Seht wie meine Liebe lächelt
Erkennt Ihr dieses Licht?
Würde sie doch nur öfter lächeln...

Meine Liebe hat das gütigste Gesicht
Meine Liebe hat den zärtlichsten Mund
Meine Liebe hat die strahlendsten Augen

Doch obwohl sie weiser als alle Weisen ist
Ist sie noch ein Dummerchen
Sie versucht Fuß zu fassen und zugleich zu schweben

Meine Liebe fürchtet sich nicht davor,
mich zu umarmen
Meine Liebe fürchtet sich nicht davor,
bei mir zu sein

Meine Liebe fürchtet sich nicht davor,
mir eine Tochter zu schenken
Was sie am stärksten fürchtet,
 ist die Liebe selbst

Denn die Liebe ist eine Kelle
Die dazu zwingt an jemanden zu denken,
der am anderen Ende hängt

Mein lieber Drache mit deinen dämonischen Augen
Hast du noch nicht verstanden,
warum du mich so brauchst?

Ich fessle dich nicht, aber du musst wissen,
Deine Ketten musst du selbst tragen
Es gibt niemanden am anderen Ende
Und mit jedem Jahr wird es
 schmerzhafter und schmerzhafter

Mein Schmerz
Wie liebe ich doch dein ungutes Gesicht
Wie liebe ich doch deine Hexenaugen
Wie sehr liebe ich deinen schmalen, harten Mund
Deinen Drachenblick, deine giftigen Kobrazähne

Ich kann ohne dein Lächeln und dein Licht nicht leben
Ich kann nicht schlafen ohne die Finsternis deiner Nacht
Denn ich liebe das was in deinem Inneren ist
Dein Wesen, deinen eigentlichen Namen

Und du? Liebst du mich?
Ich habe dir mein Herz zu Füßen gelegt
Doch du hast es fröhlich lächelnd getreten
Zum Teufel! Pass auf wo du hintrittst!

Still die Tochter selbst, denn ich verreise
Was? Du fährst auch?
Dann bring das Kind zur Oma

Nun komm doch zu mir, mein böses Mädchen
Mein Liebchen, mein Schätzchen.,..

Yakiv, 1998/2002 aus dem Russischen

Da haben wir den Salat und das gerade vor den Wahlen! Sagt Kommissar Van Dom, als er sich durch die Menge am Eingang zwingt. Schon knipsten Kameras. Diese Scheiß-Journalisten haben doch schon alles ausgeschnüffelt. Er stellte sich die morgigen Schlagzeilen vor und konnte sich gerade noch zurückhalten, ihnen nicht in die Objektive zu spucken: „Skandalträchtiger holländischer Erfolgsautor wird nächstes Opfer islamistischer Extremisten!"

Eben so gut könnte man behaupten, es waren Greenpeacer oder Literaturkritiker, er hatte schließlich genug Feinde, sagte Van Dorn zu seinem Assistenten. „Er hatte sogar ein Buch herausgegeben, das alle möglichen Drohungen, Schmähungen und Beleidigungen gegen ihn zusammentrug. Damit hatte er sich zahlreiche Leute zu Feinden gemacht. Was brachte auch sein berühmter Ausspruch „Afrika für Afrikaner, China für Chinesen, also Holland für Holländer?" Es reichte für T-Shirt-Slogans, Aufnäher und 10% Zuspruch für Rechtsextremen bei Wahlen. Und später als der Karrikaturenstreit ausbrach, hängte er demonstrativ die dänische Flagge aus seinem Fenster und schrieb dazu: „Hände weg von der Pressefreiheit!" Er lebte in einer einfachen Wohnung am „Jordan", obwohl er sich auch eine Villa leisten konnte.

Der Alte saß im Sessel, als würde er schlafen. Immer diese Geheimniskrämerei. Am meisten hatte Van Dorn der ruhige, ja fast heitere Gesichtsausdruck des Ermordeten erstaunt. Auch seine halbgeöffneten Augen spiegelten weder Entsetzen, noch Angst oder Schmerzen wieder.

Der Messergriff hatte dasselbe Muster wie sein Schlafrock. Alter Geheimniskrämer. Alle Schriftsteller sind etwas verrückt, aber dieser war rasend. Es scheint, als ob er zeitlebens mit einem Messer im Herzen gelebt hätte, wenn er nicht ein Messer anstelle eines Herzens hatte, bemerkte Van Dorn lakonisch. Genau genommen sieht es weder nach Mord oder Selbstmord aus, fügte er an. Türen und Fenster waren von innen verschlossen, keine Spuren deuteten auf einen Kampf, und auf dem Tisch lag die neueste literarische

Bombe dieses Besessenen. Van Dorn hatte ein paar Blätter
vom Tisch genommen und verschluckte sich, als er ein selt-
sames Epigraph las:

*„Liebe wunderschönste Stefanie. Morgen fahre ich nach Wien,
um an der Akademie Kunst zu studieren. Dann will ich ein Jahr
lang Europa bereisen, um meine künstlerische Meisterschaft
zu erlangen. Ich werde ein großer Maler werden, vielleicht der
größte, um das Bild der Welt zu verändern. Und Du sollst auf
mich warten. Wenn ich zurück komme werden wir heiraten
und verspreche Dir, wir werden die glücklichsten Menschen,
wirklich glücklich...*

dein A.G.
Linz, 17 Mai 1907..."

...Es ist feucht. Nur nasser Sand und die Nacht. Der Mond-
pfad schleicht sich über das dunkle Wasser zu mir. Die
Asche, die Zigaretten, die Sandkörner, sie hindern mich da-
ran die Sterne zu sehen. Doch der Wind, er trägt sie fort. Die
Sterne bohren sich wie scharfe Zacken hinein in die Dun-
kelheit. Wie lange liege ich hier schon? Am Strand... Einen
Tag lang? Zwei? Noch länger? Ist es eigentlich nicht seltsam,
dass mich noch niemand bemerkte? Ich bin noch nicht alt
und habe meinen Glanz noch nicht verloren. Zugegeben ich
bin etwas blasser geworden und habe graubraune Flecken.
Übersieht man mich deshalb?
Aber was weiß ich selbst von meinem Dasein? Was mochte
ich? Hände waren es. Ich erinnere mich an sie, an alle. Keine
habe ich vergessen. Die erste Hand war hart und fest. Grob
packte sie mich mit ihrer dicken und rauen Haut. Grob und
ohne Liebe. Damals war ich jung und schön. Nicht aus ein-
fachen Verhältnissen. Ich war einzigartig, hatte eine Identi-
tät und Zertifikate. Ich fürchtete weder Steine noch Feuer,
nichts. Sie hatte mich durch Glück gewonnen, einfach nur
durch Glück. Doch niemals war sie zärtlich zu mir. Sie be-
nutzte mich nur, ohne meine Bestimmung zu kennen. Es
gab nur Brot, das scheußliche Brot der Armut. Manchmal
gab es Brot und Zwiebeln. Ich ertrug es, denn ich wusste,
dass die Zeit kommen wurde, mich zu offenbaren. Nein, für
zähes Brot wurde ich nicht geschaffen.

Und endlich kam dieser Tag, genauer gesagt diese Nacht, in der ich einen traf, der so war wie ich. Er war schwächer als ich, älter und hatte seine Schönheit bereits verloren. Aber seine Hand! Sie war elastisch, geschickt und unerschrocken. Wir begegneten uns nur einmal. Ein weiteres mal hätte ihn gebrochen. Aber seine Hand war schneller. Ich erinnere mich, wie ich in die dicke rote Lache fiel...

Eine starke, drahtige Hand packte mich und wischte mit einem Taschentuch das Vergangene weg. Sie führte mich mit sich und ich verliebte mich in sie, im ersten Augenblick. Ja. sie wusste mich zu schätzen, denn sie erfasste meine Bestimmung. Niemals erniedrigte sie mich mit armseligem Brot oder Zwiebeln. Sie liebte meinen Anblick, meine Schneidigkeit und Unbeugsamkeit. Ich enttäuschte sie nicht, denn ich machte meine Sache gut, sehr gut sogar.

Blitzschnell stieß mich meine Hand in die Masse hinein und ich drang in die Menschen ein. Ich erkannte sie, ihre Gesichter, ihre Körper, ihre Seelen, alles. Ich drang in ihre Körper ein und ihre Seelen gingen mit mir. Ich befreite viele von ihnen, eins ums andere mal. Ich machte ihnen den Weg frei. Ja. ich bin ein Befreier. Das ist meine Bestimmung.

Die menschliche Seele ist wie ein zarter Hauch. Sie entweicht ihren Körpern und strebt zum Licht der Sterne, zu meinen Brüdern, deren scharfe Strahlen sich auf mir widerspiegeln.

Was eigentlich sind Körper? Weich sind sie und schwach, ihre Knochen fest und hart. Aber was interessieren mich schon Knochen? Ich umgehe sie. Meine Hand führt mich immer sicher, genau ins Herz.

Wer sonst kann von sich behaupten, die Herzen der Menschen so gut zu kennen wie ich? Was wissen sie denn schon darüber? Ich hingegen weiß, wie es zittert, wenn ich vor ihm siehe, wie es zusammenzuckt und sich verkrampft. Es verweigert sich mir, doch ich dringe einfach ein, bis es stockt und sich ergibt. Doch meiner Hand gilt meine Liebe und ich verlasse das Herz. Meiner Hand gilt meine Treue. Was für ein Gefühl, gebraucht zu werden, nützlich und...— nicht verloren am Strand zwischen Kippen und Papierfetzen, verlassen in der ewigen Nacht.

Ich und meine Hand. Wie gut verstanden wir einander! Wie

oft begegneten ihr aber andere Hände. Sie ergriff verschiedene, kleine, zarte, pralle, grobschlächtige, verspielte mit langen Nägeln. mit dürren Fingern in goldenen Ringen... Manchmal erlaubte meine hand ihnen mit mir zu flirten, aber sie wussten nichts mit mir anzufangen. Bisweilen berührten sie mich unvorsichtig und vergossen kleine rote Tropfen über mir.

Doch eines Tages kam eine geschmeidige, elegante Hand — Sie war geschickt und entschlossen. Schon im ersten Moment hatte ich ein ungutes Gefühl. Irgendeine schlimme Vorahnung bemächtigte sich meiner. Sie begegneten sich öfter. Meine geliebte Hand und dieses listige, gemeine Händchen. Sie nahm sie mir und raubte meine Liebe. Ich geriet in Vergessenheit und meine Bestimmung ebenso. Doch sie gingen Hand in Hand.

Ein Monat verging ehe sich meine Hand meiner besann und mich wieder ergriff, mich brauchte, mich begriff. Glücklich begann ich von neuem mein Werk zu verrichten. Ich der große Befreier und Menschenkenner erwachte wieder zu neuem Leben! Der rote Saft nährte mich und schenkte mir Wärme, Liebe, Aufmerksamkeit und Anerkennung. Ich war wieder jemand. Ich lernte weitere Hände kennen, zarte, geschmeidige, die fröhlich mit den Blüten zwischen ihren hastigen Fingern raschelten, die meine Hand ihnen gab.

Doch plötzlich ging alles zu Ende, als die beiden sich hier am Strand begegneten. Diese fremde und verfluchte Hand eroberte mich mit List und Tücke, stahl mich, um mein Werk zu vereiteln. Nun liege ich hier, am Strand, verlassen und einsam, doch meine geliebte Hand, sie suchte nicht nach mir, sie hatte mich aufgegeben. Diese Verräterin! Ihr Herz schlug nur für dieses verfluchte, listige Händchen.

Das ist das Ende. Ich bin verworfen und graubraune Flecken bedecken mich und meinen alten Glanz. „Eine Hand wählt immer die andere", sagte mir ein Zeitungsfetzen, der scheinbar zufällig neben der zerdrückten Cola-Dose lag: „Hände bleiben stets unter sich".

Der Wind bedeckt mich mit Sand und Schmutz, die schweigsame Nacht wickelt mich in ihren feuchten Nebel ... doch morgen, morgen kommt ein neuer Tag!

Ich hoffe, ich glaube, ich sehne mich nach einer neuen Hand, die mich wie eine Chance ergreift.. Es ist unmöglich mich nicht zu finden, mich zu übersehen. Ich glaube an meine Bestimmung. Ich muss sie erfüllen. Ich bin der Befreier der Menschen, ich schenke ihren Seelen grenzenlose Freiheit..! Hört mich! Kommt zu mir und findet mich! Ich warte darauf, euch zu erlösen!

. . . .

Aus dem Polizeibericht an Dr. Jur. Pieter Van Houten:

Die Ermittlungen in diesem Fall wurden durch das rätselhafte Verschwinden der Tatwaffe erschwert. Das Messer wurde wohl von einer fanatischen Anhängerin des Schriftstellers entwendet.

Artikelnummer C- 47078

Jagdmesser 4l7de luxe
Klinge aus hochwertigstem Kohlenstoffstahl,
feuergehartet, mit beidseitigem Anschliff.
extrem hohe Schnitthaltigkeit,
mit Zertifikat vom Meister .
Länge: 18,75 cm
Lieferzeit: zehn Tage
Preis: 517. 95 € inkl. MwSt.

Fünf Sterne- Messer der absoluten Profiklasse! Das Beste ist für Ihr Hobby gerade gut genug. Ja, der Preis liegt etwas höher, aber unsere Messer sind es wert. Sie werden ein Leben lang an ihnen Freude haben.
Vorsicht: diese Schneidwerkzeuge sind sehr scharf!

Yakiv, 2003

Damals

Alles erschien wie früher
Nichts hatte sich verändert
So fiel die Rückkehr leicht
Als sich die Zugtür öffnete
Und als sachlich nüchtern dann
Die Stimme auf Gleis 3 ertönte
„Augsburg Hauptbahnhof,
Hier Augsburg Bahnhof,
Sie erhalten Anschluss
Zum Nahverkehrszug nach …“

Als damals der Zug auslief
bei Nacht und Nebel
War keinem ganz gewiss
Wohin die Reise ging
Erst an der kalten Rampe
Als die rohen blonden Kerle
Die siechen Durstenden
„Schnell, schnell“,
Mit Stöcken angetrieben
Verstummten alle Fragen

Schnell, schnell sollte man sein
Sich ausziehen, ganz nackt
Dann kam das Kopfhaar ab
Und Ärzte inspizierten alles
Mit dem Prüfblick eines Metzgers
Sandten die einen zur Fabrik
Schossen den anderen ins Genick
Quälend langsam jagten 70 Jahre
Übers Land hinweg in die Welt
Für heute hatte man sauber gemacht

Yehuda, 2016

Der Klang der spitzen Ohren

Ich ging einmal an den Ufern der Wertach
Entlang als vor mir ein Mann mit spitzen Ohren
Wie Mr. Spock, laut zu summen begann.

Die liebliche Melodie nahm mich in Besitz,
Und der seltsame Mann tänzelte leicht
Wie den antiken Sirenen konnte ich nur folgen

Wie dem Rattenfänger lief ich hinterher.
Am Ufer entlang mit der Melodie im Ohr
Bis ich vor einem hölzernen alten Tor stand

Dahinter ein Haus in einem verwilderten Garten
Den wohl seit Jahren niemand mehr gepflegt hatte.
Der Mann indes war darin sofort verschwunden.

Auch das Summen hörte ich nicht mehr
Die Melodie blieb mir im Kopf und ich am Zaun.
Dann kamen Polizisten, der Mann hatte sie gerufen

Sie dachten, ich war hier um ihn zu belästigen.
Ich erzählte von der Melodie, man glaubt mir nicht
Nun sitze ich seit Tagen fest, bekomme Spritzen

Man sagte mir, ich rede immer von spitzen Ohren
Wie von fremden Tieren, aber ich glaube das nicht
Über solche Sachen macht man keine Scherze.

Ich will hier weg, aber wer erwartet mich
Ich war doch nur spazieren, bis jener Mann
mit den spitzen Ohren anfing zu summen

Die Tabletten, die Spritzen, die Stille
Man sagt, ich muss erst genesen und brauche Ruhe
Gestern war wer zu Besuch, ob ich wen kenne?

Sie standen da und sprachen mit den Ärzten
Zeigten sich Zeichnungen mit spitzen Ohren
Das Werk von Kindern allenfalls

Sie wollen doch wohl nur die teureren Gemälde
Locken mich mit fremdartigen Liedern in die Falle
In die Verborgenheit der ewigen Zukunft

Ich wollte ich könnte mich an die Melodie erinnern

Chana, 2006

Der Zahn der Zeit

der Zahn
der Zeit
nagt an
uns
seit
Ewigkeit
bei jeder
sich bietenden
Gelegenheit
und bringt
über uns
nichts
als Leid
...
sollen wir fliehen
oder den Zahn nur
ziehen?
...
nach
all
der
Zeit
weiß
keiner
Bescheid

Yehuda, 1999

DIE FREMDE

Morgenfrost, Morgenfrost
kalte Zärtlichkeiten
kalte Lippen
fremde Augen
fremde Hände
freundliche Masken
leblose Stimmen

Yakiv, 1998

Die Reifeprüfung

Ein tosender Schrei erhob sich in der Stadt
Wie ein entschwundener Fisch aus tiefster See
Viele Steine warfen sie hinein, ehe er sich regte
So mancher traf ihn hart im Inneren
Stein für Stein

Die Sonne schien ihm ins erwachte Gesicht
An jenem Tag der Reifeprüfung
Angst hatte er schon lange nicht mehr
Denn er war gut vorbereitet
"Du schaffst das. Junge!
Denk nicht an uns, tue es für Dich!
Wir sind so stolz auf Dich!"

Er überflog den Zettel auf dem Küchentisch
In der Handschrift seiner Mutter und grinste.
"Es bleibt bewölkt, vereinzelt sind Schauer möglich.
Später aufklarend bei zunehmend milderen Tempe-
raturen"

Verkündete das halblaute Küchenradio, als er
Gut gerüstet die elterliche Wohnung verließ
Die Aussicht auf Regen schreckte ihn nicht.
Er kaufte sich Zigaretten steckte sich auch eine an
Und wartete auf den nächsten Bus
Sah versonnen ins Weite
Er erinnerte sich an den letzten Herbst
Als er mit seinem Hund Über die Felder rannte
Dem aufbrausenden Sturm entgegen
Wie sie beide hernach erschöpft
Aber glücklich im Grase keuchten

Endlich kam der verdammte Bus
Eine leichte Unruhe kam in ihm auf
Als er mit einem Bruce-Willis-Lächeln
Einstieg und Platz nahm
Dann sah er gelangweilt
Aus dem staubigen Fenster
Sah die Häuser und Straßen
Seiner Kindheit und Jugend
An sich vorbeiziehen
Wie einen Karnevalszug

Bilder und Worte stiegen ihm auf
Kamen und gingen
Wie die Menschen im Bus
Station für Station

Schließlich erreichte der Bus das Ziel
Er stieg aus, machte ein paar Schritte
Wartete und rauchte eine weitere Cigarette
Frau M. seine frühere Biologielehrerin
Kam vorbei, grüßte überrascht
Er nickte ihr kollegial entgegen
Er sah sich nervös nach seinem Freund um
Und betrat konzentriert die Schule
"Ein kleiner Schritt für einen Menschen..."
Murmelte er vor sich hin ...
Er kannte die Aufgabe
Die Fragen und Antworten
Sein erster Weg führte ihn zur Toilette
Ruhig packet er seinen Rucksack aus
Stülpte sich die Ninja-Maske über das Gesicht
Er lud seine Pumpgun und die Selbstladepistole
Sein letzter Blick galt der verbliebenen Munition
Er hatte reichlich, denn er war gut vorbereitet

Sein Plan war perfekt
Im Treppenhaus begegneten ihm andere Schüler
Jünger und unerfahren, kleine Knirpse
Sie lachten nervös und unbeholfen
Als sie seine Aufmachung sahen
Wie über einen Schülerstreich
Ja, ein Schulstreich
Stolz betrat er das erste Zimmer
Ohne Zögern eröffnete er das Feuer auf die Lehrer
Die korrekt wie möglich ihr Prüflinge überwachten
Er genoss die Verblüffung in ihren Augen
Wandte sich schnell ab
Von Schreien, Blut und Tränen
Die Angst der Schüler verstand er nicht
Er war doch einer der ihrenEr tat es doch für sie
So betrat er den nächsten Raum
Tür für Tür

Schüler liefen aus den Klassenräumen
Flüchteten in den nahen Pausenhof
Versteckten sich in Schränken
Er schoss durch eine verschlossene Tür
Die vor ihm verschlossen wurde
Helle Schreie, das Stöhnen von Getroffenen
Hatte er andere Schüler getroffen?
Das, nein das wollte er nicht
Er fühlte sich wie in einem Film
Fand des albern und nahm die Maske ab
Plötzlich stand vor ihm Lehrer K.
"Sie nicht" befand er lächelnd
Zufrieden und unschuldig
Doch K. sah ihn durchdringend an
Und handelte schnell
Ohne Widerstand schob er ihn

In den großen Zeichensaal
Die Tür schloss von außen
Nun war er allein und sah um sich
Hier hielt er vor einem Jahr ein Referat
Über den Prozess der Osmose

Frau M. hatte er eben erschossen
Dreimal, vielleicht auch viermal.
Sie hatte ihm nur eine Zwei gegeben
Er zielte mit der Pumpgun auf die Tür
Doch kein Schuss löste sich
Nur stetiges Klacken
Er zuckte mit den Schultern
Ladehemmung, ausgerechnet
Was wollte er nun tun?

Er betrachtete Delphine und Wale
Auf den Postern an den Wänden
Blickte dann vom Fenster auf die Straße
Auf einen Menschenauflauf
Auf Polizeiwagen mit blauem Licht
Er öffnete das Fenster Zielte auf einen der Polizisten
Und traf ihn sicher in den Kopf
Er schloss das Fenster wieder
Und drehte sich weg
"Genug für heute" sagte er
Er fand, dass ihn das alles
Nichts weiter anginge
Auge um Auge

Er ging zur Türe, sie war nicht verschlossen
Aber einen Ausweg gab es trotzdem nicht
Nach kurzem Zögern setzte er sich
Auf das freie Lehrerpult
Stemmte wie Lehrer K.
Die Hände in die Hüften
Lachte wie er genießerisch
Über die Bänke hinweg
"Na, schon ausgeschlafen heute?"
Wärme durchflutete sein Gesicht

Der Himmel hatte sich wieder aufgelockert
Und gab die ersten Sonnenstrahlen preis
Er ließ sie für kurze Zeit gewähren
Und meinte, seine Reifeprüfung sei nun bestanden
"Sehr gut hast Du das gemacht, mein Junge.
Wir sind so stolz auf Dich!"

Er kicherte über diese Worte
Keuchte ein atemloses *"huuhhh"*
Setzte sich die Pistole vor den offenen Mund
Und drückte ab

Chana, 1. Mai 2002

Der sog. "Amoklauf von Erfurt" ereignete sich am Vormittag des 26. April 2002 am Gutenberg-Gymnasium in Erfurt. Dabei er-schoss der von der Schule suspendierte Robert Steinhäuser gezielt 13 Lehrer der Schule, die an diesem Tag die Abiturprüfungen überwachten. Außerdem tötete er einen alarmierten Polizisten sowie zwei Schüler, als er eine verschlossene Tür durchschoss. Damit starben beim „Erfurter Amoklauf" mehr Menschen als bei anderen vergleichbaren Schulmassakern, wie etwa 1999 an der *Columbine High School* in Littleton.

Wie die Alleintäterschaft – Schüler wollten einen zweiten Mas-kierten gesehen haben – so wurde im Laufe der Jahre auch immer wieder der schließlich Selbstmord Steinhäusers angezweifelt, da seine Pistole nach Aussagen der Rettungsärzte zu weit von ihm entfernt gelegen haben soll und sich keinerlei Fingerabdrücke an der Waffe befanden, obwohl der Täter keine Handschuhe trug.

Die Übernächstenliebe

Der Mann mit dem Hemd
Riecht so seltsam fremd
Sein Lachen ist nicht echt
Er macht es mir nicht recht

Die Frau da mit dem Hund
Riecht aus dem Mund
Ihre Nase ist ganz schief
Sie merkt nicht ihren Mief

Das Kind dort in der Ecke
Riecht sehr nach Cigarette
Sein Kinn ist verschwunden
Man sucht es schon seit Stunden

Wenn man so um sich blickt
Wenn dir die Nase zwickt
Um zu sehen was sonst bliebe
Nur die Übernächstenliebe

Yehuda, 2009

Die Zecke

In einer dichten Hecke
Saß seit Tagen eine Zecke

Den Kopf voll Fragen
In Gedanken in besseren Tagen

Sie pirschte auf verschied'ne Weisen
Und fand trotzdem nichts zum Beißen

Bis dann sprang, fiel ein Kind
Geruch von Blut im Wind

Das lag mit Schrei am Boden
Gestolpert über schlechte Noten

Die Zecke sah die Chance
Und rang um die Balance

Mutig nahm sie Schwung
Und setzte an zum Sprung

Das Kind bekam Hilfe, eben
So sprang die Zecke daneben

Eine Frau half dem Mädchen hoch
Doch die Zecke lag im Loch

Doch das Malheur hatte auch was Gutes
Blieben doch ein paar Spritzer Blutes

Chana 2016

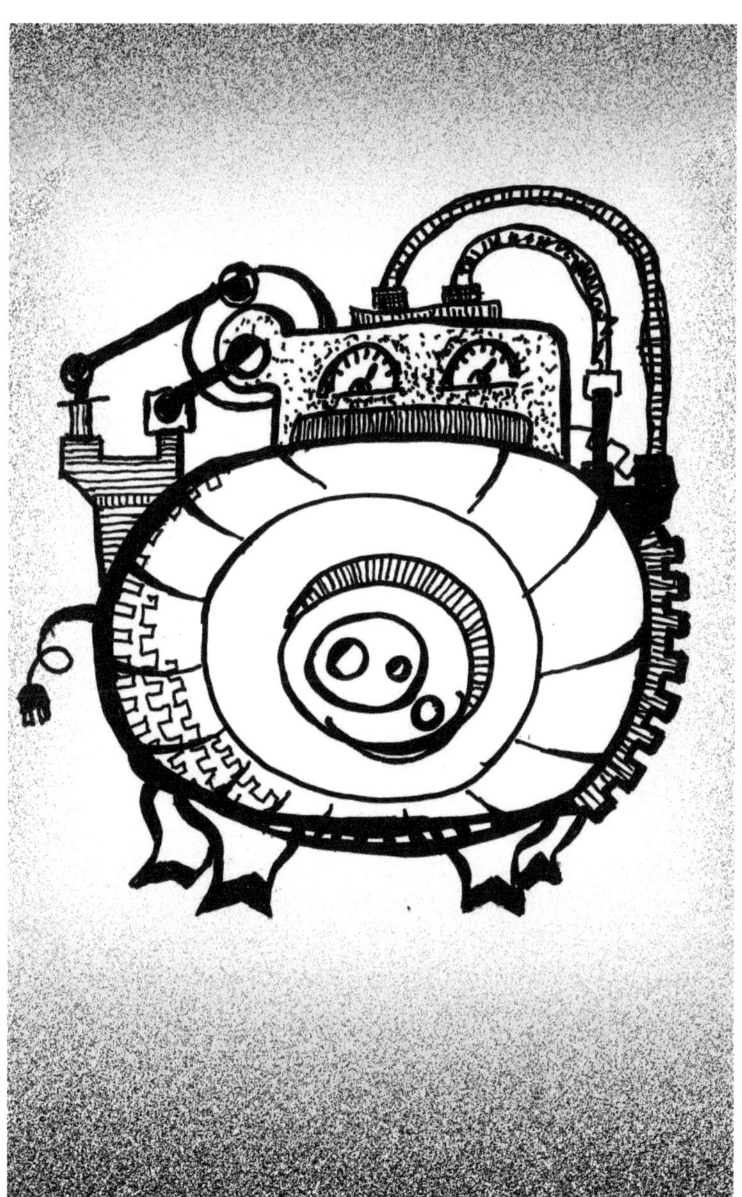

DON JUAN

Ich bin Don Juan, Geiger der menschlichen Seele
Du bist meine Geige
Und ich wollte dich solange schon besitzen.
Denn meine Seele sehnt sich nach allen Geigen der Welt!
Du bist wie eine Violine, zauberhaft und schön:
Deine Saiten sind wie Strahlen der Sterne,
Deine Augen sind wie Fenster zum Kosmos,
Dein Körper ist wie eine Flut der Sinne.
Mit meinen Lippen stimme ich die Saiten deines Halses.
Allen Geigen der Welt entlocke ich Melodien der Liebe

Des Schmerzes und der Tränen, die den Himmel erflehen,
Glücklich wie Sternschnuppenklänge streben sie
zum Himmel
Ich bringe das Leben in den geöffneten Violinenmund!
Wie ein Juwel entnehme ich dem Geigenkästchen,
Unvermeidlich lege ich meine Hand auf Deine Saiten,
Berühre dich in einem schöpferischen Augenblick
mit meinem Bogen.
Die Saiten schwingen und die Klänge erfüllen das Haus,
Die Wände deiner Geigenseele zerbersten
Und dein Körper erkennt die Flügel meiner Seele.

Yakiv, 1998, aus dem Russischen

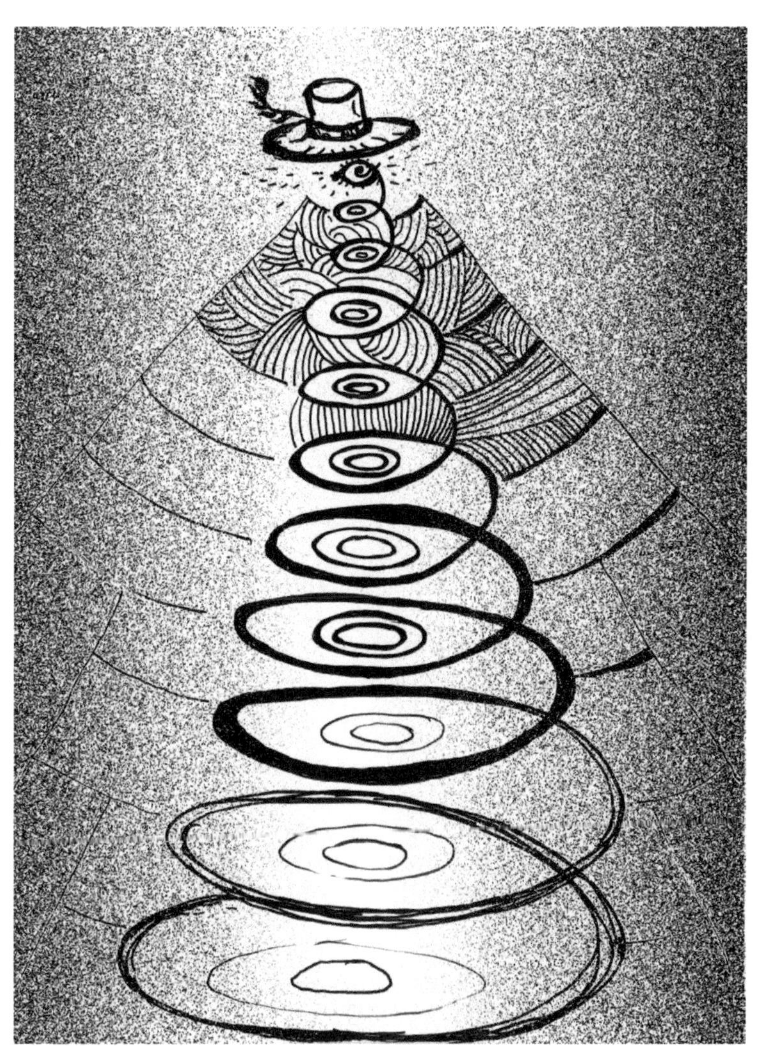

Ein Bild der Depression

Finster sind die Tage
Im bunten Neonlicht
Furchtsam stumm die Klage
Denn fressende Hunde bellen nicht

Als Predigt wird Konsum
Zur inneren Mission
Es rettet uns der Boom
Er bringt uns Brot und Lohn

Der Generation ohne Generator
Liegen die Hände sanft im Schoß
Doch der kluge Mann baut vor
Und wird nicht arbeitslos

Gestern noch „ein junger Gott"
Per Autosuggestion
Heute fast bankrott
Ein Bild der Depression

Reformen braucht das Land
Rauscht es im Blätterwald
Propheten kritzeln's an die Wand
Als Lebensunterhalt

Die Politik der Redenschreiber
Regiert mit Beratungsvertrag
Denn das Konsortium der Betreiber
Besitzt den Lehrauftrag

Demokratie nur noch beim Grand Prix
Die freie Wahl beim Tele-Voting
Von Reality- zum Pay-TV
Wes Brot ich ess, des Lied ich sing

Yehuda, 2004

Ein kalter Wind fegt übers Eis

Am Königsplatz, abends acht
Die Läden haben zugemacht
Die Straßen sind schon menschenleer
Nur noch Schnee fällt zentnerschwer
Ein kalter Wind fegt übers Eis
Augsburg im Winter ist ein Scheiß

Ein Penner wankt am Straßenrand
Die Wodka-Flasche in der Hand
Nicht von Engeln auserkoren
Und jeder Hoffnung abgeschworen
Er torkelt zu `nem Weihnachtsbaum
Und pisst ihn an, man glaubt es kaum

Kulturhauptstadt wird Augsburg nicht
Scheint Ruhe hier doch Bürgerpflicht
Kultur vor Ort mehr schlecht als Brecht
Und chronisch noch ersatzgeschwächt
Hauptstadt ist man nur in der Provinz
Als Highlight gilt der Faschingsprinz

Ein kalter Wind weht durch die Straßen
Mit langer Weile ist nicht zu spaßen
Leute schleichen im Minutentakt
Vermeiden jeden Sichtkontakt
Niemand bringt die Kuh vom Eis
Augsburg im Winter ist ein Scheiß

Yehuda, 2003

Ein Lächeln reicht

Du warst einst Mutter
Ich war einst Kind

Du warst einst Vater
War ich denn blind?

Die Zeiten vergehen
Das Gewesen verbleicht

Die Gedanken werden trübe
Bis ein bloßes Lächeln uns reich

Unsere Ahnen wo sind sie?
Sie liegen unter Steinen

Niemand kennt sie mehr
Leere füllt sich mit Weinen

Wir waren einst Kinder
Wir grinsten auf Bäumen

Wir rannten über Felder
Schwitzten in Träumen

Doch die Zeiten vergehen
Das Gewesen verbleicht

Unsere Gedanken werden trübe
Bis ein bloßes Lächeln uns reicht

Chana, 2015

Emmy Gratia

Emmy Gratia
Wie schön ist dein Name

Emmy hat volle Lippen
Eine Wespentaille
Und einen fetten Arsch
Zwei Wassermelonen
Mit dem Verlangen,
dem Dekolleté zu entspringen

Sie lockt uns mit dem Finger
Und wir willigen in alles ein
Sie ist eine Fata Morgana
Am Horizont, nur ein Schritt
Im Flug, eine Stunde
Und schon bist du Emmys Grand
Ein Adeliger, und hast nun die Frau eines Adeligen

Oh Unglücklicher, mittelloser Grand
Der du endlich dein Eldorado fandst
Verwundeter Konquistador
Dessen Lanze an der Tür des Sozialamts zerbrach
Du draufgängerischer Cortez
Der du dein verhungertes Pferd auf der Müllhalde begrubst
Und die glänzende Rüstung am Flohmarkt verkauftest
Für einen gebrauchten Farbfernseher

Immigration – die Eroberung der Welt
Alter Pizarro, der du herumsitzt
Und in die Leere deiner eroberten Welt starrst
In der dir fremd gebliebenen Sprache
Der Eingeborenen brabbeln nun deine Kinder

Und nur noch eine leere Scheide an der Wand
Erinnert an deinen glorreichen Feldzug
Der in der Sozialhilfe endete

Und in einer gelegentlichen Flasche Bier
Zum Runterspülen der der Werbung
Für Wurst, Spitzenkaffee und Zahnpasta

Oh wie graziös führst du
die bayrische Flasche zum Mund

Yakiv, 2002

Es muss wohl Liebe sein

Wenn ich erwachen mit den ersten Sonnenstrahlen,
Fühle ich Dein weiches Haar in meinen Fingern,
Ich streichle zart darin und fühle Deine Nähe,
Es riecht wie jeden Morgen nach Geduld und Mühe.

Ich sehe Dir beim schlummern zu und bin sehr leise.
Genieße jeden Augenblick mit Dir und dieser Weise.
Denn ich bin mir stets bewusst unsere Zeit ist irdisch
Und dass heißt zu meinen Verdruss auch sehr begrenzt.

Wenn Du dann zu späterer Zeit Deinem Gewerbe zugeneigt,
an Deinen Stammplatz Dich begibst, konzentriert und eigen
Dich um Deine Aufgaben sich bemühst, dann spüre ich Dich,
Und mir wird warm, da Du Dich um so viel kümmerst, jetzt.

Ich hingegen fühle mich entbehrlich, ohne große Kunst in mir.
Außer Dir ist nach all der Zeit kein Held mir je erwachsen.
Doch schweige ich aus Furcht ich könnte Dich belasten.
So bleibt mir der morgendliche Blick auf Dich, Schlafender.

Chana 2016

Flüchtig

Wir sehen uns zögernd an.
Im Strudel eitler Gezeiten.
Flüchtig, nur ganz nebenbei
Ertragen wir das Allerlei.

Wir ahnen um uns das Selbe
Sind ausweglos und fallen mutig
Flüchtig an uns vorbei
Ganz verplant und landen blutig

Ohne die rechte Zeit zu wissen,
Segeln wir im Lebensmeer
Müssen ständig Fahnen hissen
Und flüchten doch nur hin und her.

Wir biegen uns die Welt zurecht
Im Wasserfall unserer Worte.
Nur flüchtig trifft sich Sinn mit Sinn.
Und rinnt dann mit der Zeit dahin.

Chana, 2015

Gegendarstellung

Sag mir Liebling, …warum?
Warum ist es Dir so wichtig
Zu vertrauen
Auf Besonderheiten
Auf Zeichen und Wunder
Auf Gebete oder Statistiken
Auf Wahlkampf und Reklame
Auf Garantien und Paragraphen
Oder auf die Gegendarstellung
… auf ein Happy End

Und warum, warum … auf mich?

Sag …

Ist es, weil ich einmal sagte:

*"Fordere von mir
Und ich gebe Dir Völker
Zum Besitz"**?

Ich hatte das *nicht Dir* versprochen.

(* Psalm 2.8)

Yehuda, 2002, aus dem Hebräischen

Gegen Null

Repräsentative Befragungen haben ergeben
Neunundneunzig Komma Vierundneunzig Prozent
Der erwachsenen Gesamtbevölkerung
Sind noch nie repräsentativ befragt worden

Die statistische Wahrscheinlichkeit
Befragt zu werden
Tendiert deshalb

Gegen null.

Yehuda, 2010, aus dem Englischen

Grasgeflüster

Hinter dem grauen Gitter des Regens
Als Geißeln eines zinnernen Lebens
Suchen unser Glück im Grasgeflüster

Auf der Suche nach verdammter Freiheit
Verbergen wir uns hinter grauen Gittern des Regens
Als Geißeln zinnernen Lebens
Im Schatten gusseiserner Adlerfittiche
Bauen wir die Nester unserer Spatzenleben
Und flicken unsere Seelenlöcher mit Lehm
Und klauben die Krummen vom Tisch

Hinter den Stacheldrahtaugen der Fremde
Klauben wir die Krummen vom Tisch
Und flicken unsere Seelenlöcher mit Lehm
Hinter dem grauen Gitter des Regens
Finden wir unsere Berufung in karger Sättigung.
Die wir unserer alten Heimat entwurzelt sind

Hinter der ewigen Leere unserer Sehnsüchte
In der sterilen Leere der papiernen Herzen.
Sterbend vor geistigem Durst
Klauben wir die Krummen vom Tisch

Und finden unsere Berufung in käuflicher Sättigung
 Im Schatten gusseiserner Adlerfittiche
In tönerner Liebkosung, in zinnerner Umarmung
Suchen unser Glück im Grasgeflüster

Auf der Suche nach verdammter Freiheit
Verbergen wir uns hinter grauen Gittern des Regens
Wo wir uns ohne Scham verkaufen

Und unser Glück suchen im Grasgeflüster
Doch das Gras bricht hervor mit Urgewalt

Hinter dem grauen Gitter des Regens
Hinter den Stacheldrahtaugen der Fremde
Hinter der ewigen Leere sehnsüchtigen Daseins
Hinter dem toten Lächeln aus Lehm
Hören wir durch den Asphalt die Worte des Grases:

„Aus der Asche ihrer Vorväter bin ich ihnen entwachsen
Hinter dem grauen Gitter des Regens
Im Schatten der ehernen Fittiche des Adlers.“

Yakiv, 2005 aus dem Russischen

Hör doch auf

Hör auf deine Eltern, Kind
Hör auf deine Lehrer, Kind
Hör auf deinen Mann, Frau
Hör auf deine Frau, Mann
Hör auf den Doktor
Hör auf, hör auf zu jammern

Pass auf dein Kind auf, Mama
Pass auf dein Geld auf, Papa
Pass auf dein Auto auf, Mann
Pass auf den Verkehr auf, hehe
Verpass nicht die Durchsagen
Verpass nicht die Ausfahrt
Pass auf wo du hinfährst

Chana, 2016

Immer noch ohne Titel

Zornesrote Kinderträume
beherrschen mich seit Kleinstem schon
wachsen in mir wild wie Bäume
bekiffen mich wie wilder Mohn

Tief im Studium – Millionen Stunden
und ohne Titel, immer noch
hab ich das Wichtigste gefunden
ich liebe dich, ich liebe dich doch

Mondig fühlsam auf den Straßen
und wieder einmal teuflisch reiten
bis er einst nie wieder kam
von fern ... aus sehnsuchtsvollen Weiten

Zornesrote Kinderträume
beherrschen mich seit Kleinstem schon
wachsen in mir wild wie Bäume
bekiffen mich wie wilder Mohn

Samuel, 1990

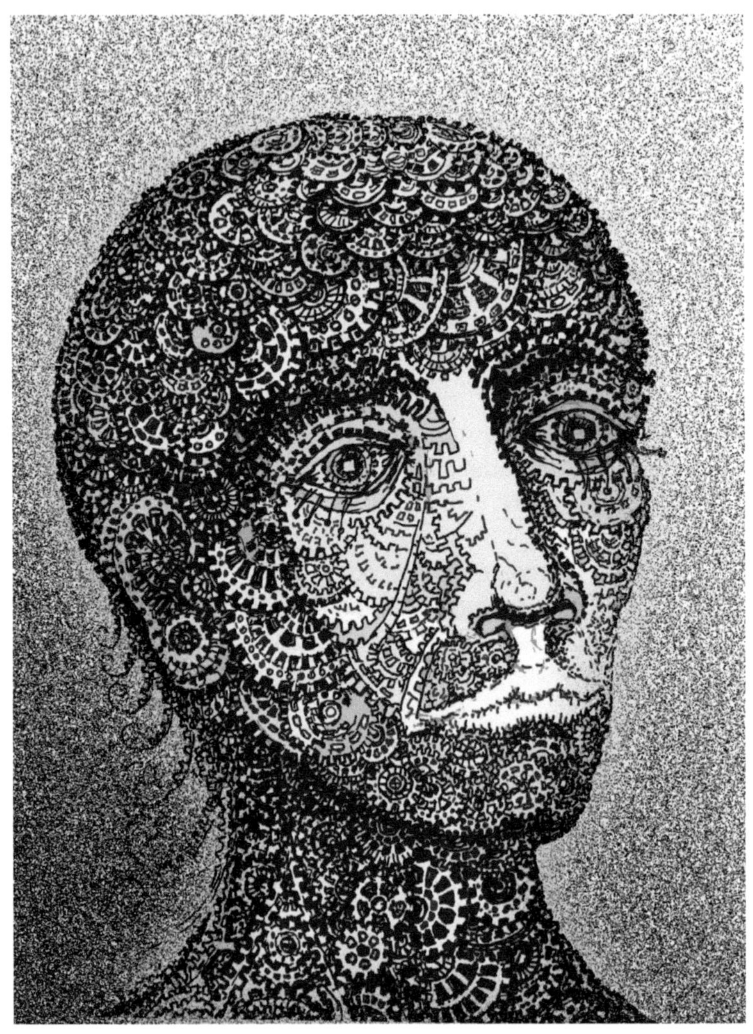

In der Akademie des Guten

Man fühlt sich gut
Man weiß Bescheid
Man hat Erklärungen bereit
Man wiederholt und fühlt sich gut
Schöpft immer wieder neuen Mut
So wird man sich'rer mit der Zeit
Und trägt mit Stolz den alten Hut
Man wiederholt und fühlt sich gut
Schöpft in den Pausen neuen Mut
Kein Zwiespalt, nur noch Harmonie
So lehrt man hier Verträglichkeit
Und trägt mit Stolz den alten Hut

Essentielle reduzieren sich auf Prüfungsfragen
Und die richtige unter vier ähnlich klingenden
Ist immer stets dabei
Keine verwirrenden Fakten, nur Lob und keine Klagen
Nichts Zweifelhaftes unter all dem Schwingenden
So gleicht das Andere, stets dem Ei

Man fühlt sich gut
Man weiß Bescheid
Man hält Begründungen bereit
Man wiederholt und fühlt sich gut
Bekämpft Rückfragen stets mit Wut
Man wiederholt und fühlt sich gut
Und trägt mit Stolz den alten Hut

Yehuda 2013

An N.

Möwe, flieg...

...ich will dich auch nicht verführen,
Mein kleines Kind.
Nie wagte ich Dich zu berühren,
Ich halte mich.

Du weißt wie ich dich mag, oh Möwe,
Ich hab dich gern.
Da blitzen Augen, donnern Herzen,
Du hältst dich fern.

Bin alt genug, um mich zu irren,
Ob du mich magst?
Du siehst den Clown, den alten Spieler,
Dem du nicht traust.

Darfst meine Seele niemals sehen,
Sie brennt und stöhnt,
Denn deine Ruhe, deine Strahlen,
Wird nie gestört.

Flieg Möwe, flieg! Dein Narr, dein Dichter,
Der hören will,
Wie flüstert Gott, wie reden Tiere,
Beschenkt Dich still.

Oh Möwe, flieg in höchste Himmel,
Was es auch soll.
Gott segne dich und deine Wege!
Leb wohl, Leb wohl...

Yakiv, 2007

Niemandsland

Ich fliege übers Niemandsland
Mit einer entschlossenen rechten Hand
Und dem Gemüt eines jungen Preisboxers
Umklammere einen Joystick
Wie den Griff eines Bierkruges
Mit einem lapidaren Knopfdruck
Könnte ich Hagel und Blitze entladen
Wie ein Jahrhundertgewitter
Im Senkflug einer Schwalbe
Schon im Bruchteil einer Sekunde
Könnte die Erde unter mir
In lodernden Flammen stehen
Und morgen in den Schlagzeilen

Doch unsere heutige Mission
Dient nur der Aufklärung
Ich murmle kodierte Kürzel
In die Ohren des Zentralkommandos
Die im weit entfernten Bunker lauschen
Wie misstrauische Nachbarn an Wänden
Nein, keine Besonderheiten zu sehen
Keine feindlichen Stellungen
Nur ein paar Eselskarren
Ein paar Bauerndörfer
Kinder auf einem Hügel
Ihre Hände zeigen zum Himmel
Ein Schäfer mit seiner Herde
Wie einst der junge David
Wie so oft auch heute ... nur Routine
Nicht so wie vor drei Tagen
Wir kehren zurück
Aus dem Niemandsland

Trinken im Hangar ein Bier
Mit unseren Mechanikern
Spielen Karten und hören Radio
"For those about to rock we salute you..."

Turnusgemäß schreibe ich den Bericht
Über den Erkundungsflug
Gebe ihn beim Kommandanten ab
Ich gehe mit Freunden essen
Abends döse ich im Bett
Der Nachrichtensprecher sagt
„Im Norden keine Zwischenfälle"

Ich schlafe ein und träume
König David hämmert auf seiner Harfe
„Wie ein Held rast er auf seiner Bahn"
Hör ich den Rotschopf singen
„Von einem Ende des Himmels
Bis zu seinem anderen
Nichts im gesamten Umkreis
*Bleibt seinem Zorn verborgen"**
Feuerbälle regnen vom Himmel

Ein lauter Knall erschreckt mich
Verbrennt Bäume und Schafe
Ich wache auf und sehe um mich
Trocken taste ich nach dem Licht
Ein Buch war aus dem Regal gefallen

(* Psalm 19.6-7)

Yehuda, 1994, 2003 aus dem Hebräischen

Theater

Ich webe ein Spinnennetz aus meinem eigenen Blut,
Ich lege einen Köder meines eigenen Fleisches aus...
Und Sie, wolt Ihr nicht mit mir zusammen weinen?
Leben Sie gerne in unserer Welt?
Ich werde die Wände der Gleichgültigkeit nicht erschüttern,
Die Wände aus schwülstiger, blutleerer Luft,
Gefühllosen Lächelns und gezeigter Höflichkeit.
Aber Ihre Lieblosigkeit nehme ich nicht gehorsam an!
Ich werde die Liebe auf der Bühne der Traurigkeit verkörpern.
Das dünne Eis unter meinen Füßen schmilzt vor Schmerz.
Ich lege die Fallen und Netze aus
Damit Ihre Augen mir mit Tränen antworten.
Mein Flüstern ist stärker als die Trompeten Jerichos!
Wer kommt um in den Untiefen der Gezeiten -
Löst die Wände auf mit dünnen Nebelstreifen
Und verfängt sich und zappelt in meinem Netz?
Zerfrisst es doch Kleidung und Haut,
Gelangt bis zur Seele und haftet an ihr!
Sie möchten entfliehen und können es nicht
Aus meinem Netz rettet sich niemand!
Ich webe das Netz der Leidenschaft und des Schmerzes.
Wie schön sind die Qualen, wie leidenschaftlich und süß.
Als ob die Brust zerrisse, das Herz sich ohne zu fragen
Den Peitschenhieben der Liebe offenbart.
Ich webe ein Spinnennetz aus meinem eigenen Blut,
Ich lege einen Köder meines eigenen Fleisches aus,
Stück für Stück entreiße ich meinem Herzen
Ich keuche vor Glück und sterbe vor Schmerz...

Yakiv, 1998

Trostlos

Der Blick aus dem Fenster
Die Häuser trist und grau
Bunte Autos sausen vorbei
Oder stehen rum im Stau
Eilige Menschen hasten vorbei
Egal wohin ich schau
Ein trostloses Gefühl
Macht mir den Magen flau

Chana 2015

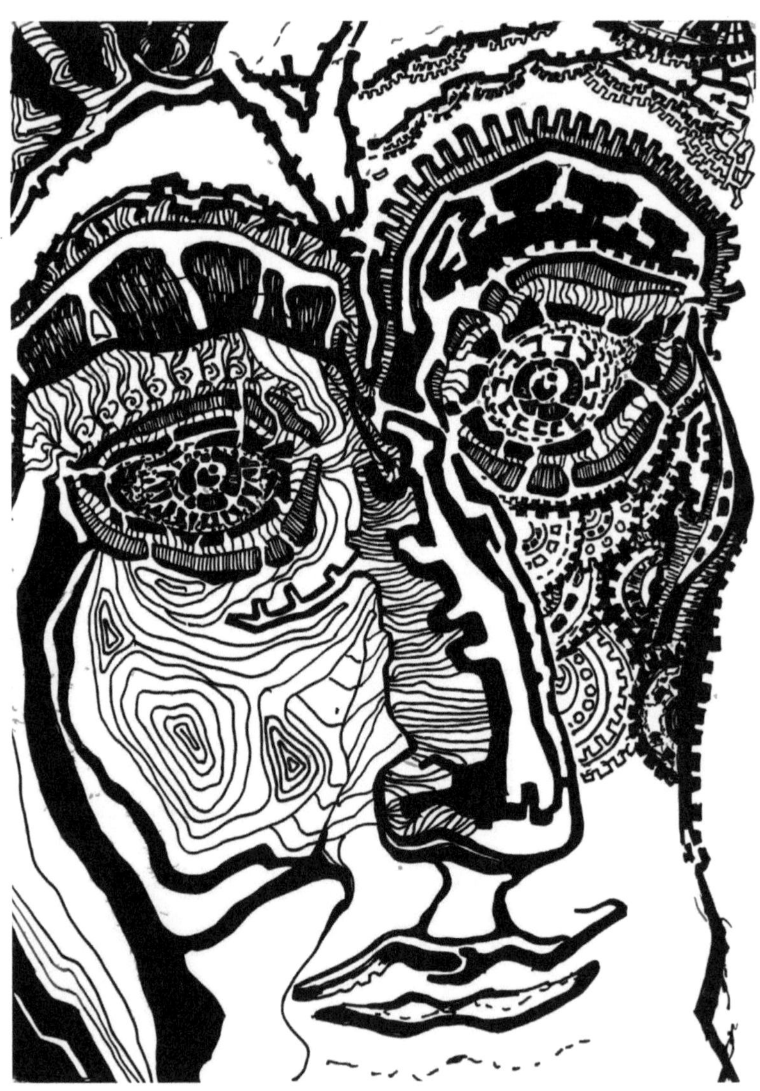

Was ist Glück?

Ein festes Dach übern Kopf
Täglich eine warme Mahlzeit
Familie und Freunde zu haben

Gesund zu sein, so lange wie möglich
Jemanden um sich, der einen liebt
Sein Wissen anderen zu vermitteln

Das Gefühl gebraucht zu werden
Zu wissen, wo die eigenen Wurzeln sind
Sicherheit vor Sturm und Wetter

Kein Spielball fremder Interessen zu sein
Für die Willkür unsichtbar zu sein
Aus allem nützliche Lehren zu ziehen

Sich in anderen zu finden
Am rechten Ort zur rechten Zeit zu sein
Auf jeden Fall: Dir rechtzeitig begegnet zu sein.
Das war wohl Glück.

Chana 2016

Zweck & Bester

die Würde des Menschen
– heißt es kalt –
sei unverletzlich
grad wie die Fülle der Wünsche
unermesslich

wie am Himmel die Sterne
wie die Körner am Meer
man hat alle gerne,
aber gibt kaum was her

und so fühlt sich noch ein jeder
der eine früher, der andre später
als der Menschen Letzter
als finaler Zweck & Bester

Yehuda, 2015

Die Autoren:

Yakiv Samoylovych

Yehuda Shenef

Chana Tausendfels

Samuel Tasci

Übertretungen

zeitgenössische Gedichte Augsburger Juden

Yakiv Samoylovych, Yehuda Shenef, Chana Tausendfels und Samuel Tasci

mit 26 Illustrationen von Yakiv Samoylovych

Alle Abbildungen, sowie Umschlagmotiv und Gestaltung: Yakiv Samoylovych

1. Au age Juni 2016

Herstellung und Verlag:
BoD - Books on Demand, Norderstedt

ISBN 978-3848204519